PANDUAN COCKTEIL BOTANIKAL MUKTAMAD

100 Minuman Taman-Ke-Gelas Pantas dan Mudah

Kum Xiao Jao

Bahan Hak Cipta ©2024

Hak cipta terpelihara

Tiada bahagian buku ini boleh digunakan atau dihantar dalam apa jua bentuk atau dengan apa cara sekalipun tanpa kebenaran bertulis yang sewajarnya daripada penerbit dan pemilik hak cipta, kecuali petikan ringkas yang digunakan dalam semakan. Buku ini tidak boleh dianggap sebagai pengganti nasihat perubatan, undang-undang atau profesional lain.

ISI KANDUNGAN

ISI KANDUNGAN 3
PENGENALAN 6
VODKA 7
    1. Vodka Bawang Putih-Habanero 8
    2. Lavender-Rosemary liqueur 10
    3. Vodka Tembikai Menyegarkan 12
    4. Minuman keras kacang 14
    5. Pisang Liqueur 16
    6. Likuoris liqueur 18
    7. Liqueur Plum 20
    8. Liqueur Tangerine 22
    9. Minuman Keras lada sulah 24
    10. Lavender liqueur 26
    11. Liqueur Teh Hijau 28
    12. Likur kayu manis 30
    13. Minuman keras vanila-kopi 32
    14. Mint liqueur 34
    15. Minuman oren manis & Cengkih 36
    16. Strawberi dan limoncello 38
    17. Sider mentega panas 40
    18. Peppermint schnapps liqueur 42
    19. Lime liqueur 44
    20. Likur herba pedas 46
    21. Minuman Keras Vodka Nanas 48
    22. Vodka yang diselitkan raspberi 50
    23. Minuman keras betik 52
    24. Minuman keras blueberry 54
    25. Minuman keras coklat 56
    26. Arak kelapa 58
    27. minuman keras Curacao 60
    28. Grapefruit liqueur 62
    29. Minuman keras madu 64
    30. Minuman teh 66
    31. Likur pudina 68
    32. Angelica liqueur 70
    33. Beri biru dan minuman keras oren 72
    34. Minuman keras Biji Caraway 74
    35. Minuman keras Apple Vodka 76
    36. Minuman keras Vodka pic 78
    37. Aquavit vodka 80
    38. Citron Vodka 82
    39. Pahit Oren 84

- 40. VODKA VANILA STRAWBERI 86
- 41. LIQUEUR DELIMA LIMAU 88
- 42. BLACKBERRY ORANGE INFUSED VODKA 90
- 43. VODKA MARSHMALLOW 92

TEQUILA 94
- 44. LIKUR SERAI-HALIA 95
- 45. LIKUR MARGARITA 97
- 46. PUKULAN TEH MEXICO 99
- 47. JALAPEÑO LIME TEQUILA 101
- 48. NANAS DAN SERRANO TEQUILA 103
- 49. HALIA SERAI TEQUILA 105
- 50. LIKUR EMAS BADAM 107

RUM 109
- 51. KOPI LIQUEUR 110
- 52. PISANG DAN MINUMAN KERAS KELAPA 112
- 53. RUM BEREMPAH 114
- 54. MINUMAN KERAS TEH MELATI 116
- 55. LIKUR KRIM MOCHA 118
- 56. BUAH SWEDEN DALAM MINUMAN KERAS 120
- 57. KORDIAL KRANBERI 122
- 58. LIKUR RUM BERKRIM 124
- 59. RUM NANAS 126
- 60. CITRUS SANGRIA 128
- 61. PENEBUK BUAH 130

WISKI 132
- 62. LEMON BOURBON 133
- 63. BACON-INFUSED OLD FASHIONED 135
- 64. PEACH DAN CINNAMON LIQUEUR 137
- 65. LIKUR KRIM COKLAT 139
- 66. BING CHERRY LIQUEUR 141
- 67. OREN DAN MADU LIQUEUR 143
- 68. IRISH CREAM LIQUEUR 145
- 69. WISKI OREN CRANBERI 147
- 70. KOPI-VANILA BOURBON 149
- 71. CERI-VANILA BOURBON 151
- 72. EPAL-KAYU MANIS WISKI 153
- 73. BOURBON KACANG VANILA 155

GIN 157
- 74. CAJUN MARTINI 158
- 75. GIN KRANBERI 160
- 76. GIN POMANDER 162
- 77. GIN BUAH PELAGA HALIA LEMON 164
- 78. GIN EPAL DAN PEAR 166

79. Gin Teh Hijau 168
BRANDY **170**
   80. Liqueur Oren Mandarin 171
   81. Amaretto liqueur 173
   82. Apricot Liqueur 175
   83. Minuman keras raspberi 177
   84. Apple Cinnamon Brandy 179
   85. California eggnog 181
   86. Brendi ceri 183
   87. Almond Liqueur 185
   88. Pear Liqueur 187
   89. Minuman Keras Halia 189
   90. Kopi minuman keras vanila 191
   91. Brandy Buah Pelaga-Ti 193
   92. Brandy Plum-Cinnamon 195
   93. Brandy Chai-Pear 197
COGNAC **199**
   94. Likur oren-cognac besar 200
   95. Buah tin segar curacao 202
   96. Cognac Berinfus Chai 204
   97. Cognac yang diselitkan ceri 206
   98. Fig & Grand Marnier Liqueur 208
   99. Cognac Infused Peach 210
   100. Arak Pahit Oren Nanas 212
PENUTUP **214**

PENGENALAN

Melangkah ke dunia yang mempesonakan di mana herba, buah-buahan dan keajaiban botani yang paling segar berkumpul untuk mencipta simfoni perisa dalam "Panduan Koktel Botani Terbaik." Panduan ini ialah pasport anda ke alam mixologi taman-ke-kaca, di mana kami menjemput anda untuk meneroka 100 resipi cepat dan mudah yang mengubah semangat kegemaran anda kepada ramuan yang menawan.

Dalam pengembaraan botani ini, kami meraikan persimpangan alam semula jadi dan mixologi yang meriah, mempamerkan cara herba dari taman anda boleh meningkatkan permainan koktel anda ke tahap yang lebih tinggi. Bayangkan waktu petang yang dibasahi matahari, angin sepoi-sepoi membawa haruman bunga-bunga yang mekar, dan dentingan ketulan ais dalam gelas yang dipenuhi dengan eliksir segar taman. Ia adalah pengalaman deria yang melampaui kebiasaan, menjemput anda untuk menghayati keindahan botani dalam setiap tegukan.

Sama ada anda seorang ahli campuran berpengalaman atau pelayan bar rumah yang ingin menambah sentuhan kecemerlangan botani pada himpunan anda, panduan ini direka untuk memberi inspirasi dan menggembirakan. Daripada kombinasi klasik kepada kelainan yang inovatif, setiap resipi adalah bukti kesenian koktel botani, menjadikannya boleh diakses oleh orang baru mahupun peminat.

Oleh itu, dapatkan pemutar anda, pilih herba kegemaran anda, dan mari kita mulakan perjalanan rasa, aroma dan keseronokan visual sambil kita menyelami "Panduan Koktel Botani Terbaik."

VODKA

1.Vodka Bawang Putih-Habanero

BAHAN-BAHAN:
- 1 lada habanero
- 1 biji bawang putih, dipisahkan dan dikupas
- Vodka botol 750 mililiter

ARAHAN:
a) Letakkan bawang putih dan lada habanero ke dalam balang Mason.
b) Isi balang dengan vodka. Tutup dan goncang dengan baik.
c) Curam selama 3 hingga 5 jam.
d) Tapis vodka melalui penapis jaringan halus.

2.Lavender-Rosemary liqueur

BAHAN-BAHAN:
- Vodka botol 750 mililiter
- 1 tangkai rosemary segar, dibilas
- 2 tangkai lavender segar, dibilas

ARAHAN:
a) Letakkan herba ke dalam balang Mason.
b) Tuangkan vodka ke dalam balang.
c) Goncangkannya beberapa kali dan curam selama tiga hingga lima hari.
d) Tapis herba.

3. Vodka Tembikai yang menyegarkan

BAHAN-BAHAN:
- Vodka botol 750 mililiter
- 1 biji tembikai, potong dadu

ARAHAN:
a) Dalam balang infusi, letakkan tembikai yang dipotong dadu.
b) Tuangkan vodka ke atas buah dan goncangkannya beberapa kali.
c) Tutup penutup dan curam selama 4 hingga 6 hari.
d) Goncangkannya sekali atau dua kali sehari.
e) Tapis tembikai dari vodka.

4.kacang minuman keras

BAHAN-BAHAN:
- 2 paun tanpa garam, badam tidak pudar, dicincang
- 1 cawan gula
- 1 botol vodka
- Sirap gula

ARAHAN:
a) Masukkan kacang cincang ke dalam balang, dan tambah gula dan vodka.
b) Curam selama sebulan, goncang setiap hari.
c) Tapis kacang.
d) Masukkan sirap gula.

5. Pisang Liqueur

BAHAN-BAHAN:
- 2 biji pisang masak, kupas dan tumbuk
- 3 cawan vodka
- 1 cawan gula
- 1 sudu teh ekstrak vanila
- 1 cawan air

ARAHAN:
a) Campurkan pisang lecek, vodka, dan vanila.
b) Curam selama 1 minggu.
c) Tapis.
d) Satukan gula dan air dalam kuali.
e) Didihkan dengan api sederhana.
f) Reneh hingga gula larut.
g) Masukkan sirap gula.
h) Tuangkan ke dalam botol dan tutup rapat .
i) Curam sekurang-kurangnya 1 bulan sebelum dihidangkan.

6. Likuoris I iqueur

BAHAN-BAHAN:
- 2 sudu besar bunga lawang ditumbuk
- 3 cawan vodka
- 2 cawan gula
- 1 cawan air

ARAHAN:
a) Campurkan bunga lawang dengan vodka dan curam selama 2 minggu.
b) Tapis bunga lawang.
c) Didihkan gula dan air dalam kuali.
d) Reneh hingga gula larut.
e) Campurkan sirap gula dan campuran vodka.
f) Tuangkan ke dalam botol dan tutup rapat.
g) Curam sekurang-kurangnya sebulan sebelum dihidangkan.

7.Minuman Keras Plum

BAHAN-BAHAN:
- 1 paun plum segar, ungu
- 2 cawan vodka
- 1 cawan gula
- 1 cawan air kayu manis 1 inci
- 4 ulas keseluruhan

ARAHAN:
a) Pit plum dan potong plum menjadi kepingan 1 inci.
b) Satukan plum, gula, batang kayu manis, cengkih, dan vodka.
c) Tutup dan biarkan curam selama 2 bulan.
d) Goncangkan balang sekali-sekala.
e) Tapis cecair.
f) Tuangkan ke dalam botol dan tutup rapat.
g) Curam sekurang-kurangnya 1 bulan sebelum dihidangkan.

8. Liqueur Tangerine

BAHAN-BAHAN:
- 6 Tangerine
- 2 cawan vodka
- ½ cawan gula
- ¾ cawan air

ARAHAN:
a) Menggunakan pengupas bilah pusing, kupas tangerin, kikis kulitnya sahaja, elakkan membran putih.
b) Letakkan kulit dalam balang dengan vodka.
c) Tutup rapat dan biarkan curam di tempat yang sejuk dan gelap selama 3 minggu.
d) Goncangkan balang sekali-sekala.
e) Tapis cecair.
f) Satukan gula dan air dalam kuali.
g) Didihkan dengan api sederhana.
h) Reneh hingga gula larut.
i) Sejukkan, kemudian masukkan sirap gula.
j) Tuangkan ke dalam botol dan tutup rapat. Curam selama sekurang-kurangnya 1 bulan.

9.Minuman Keras Allspice

BAHAN-BAHAN:
- 3/4 t sesudu _ lada sulah
- 1 1/2 cawan vodka
- 1/2 cawan sirap gula

ARAHAN:
a) Rendam bahan selama 10 hari.
b) Terikan.
c) Tambah sirap.
d) Matang selama 1-6 bulan.

10. Lavender liqueur

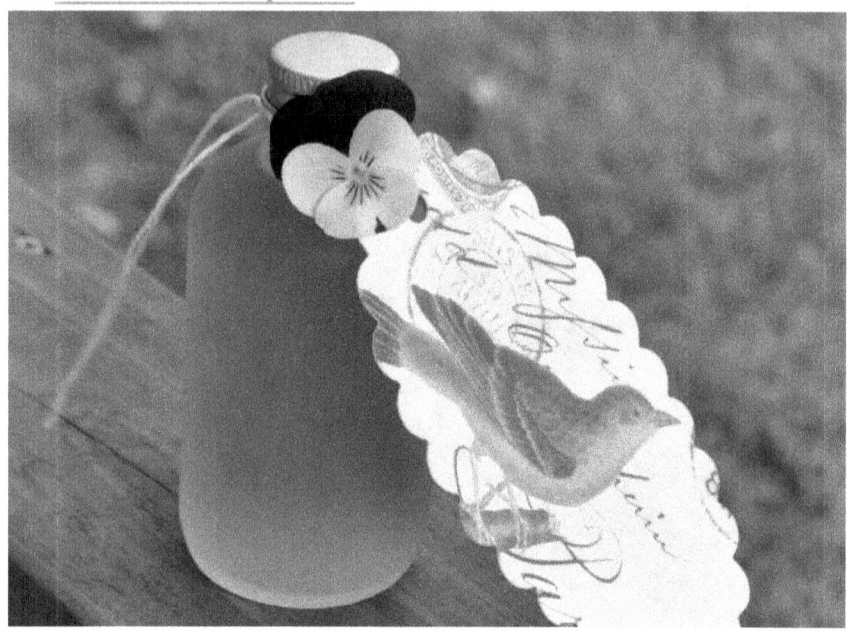

BAHAN-BAHAN:
- 6 T a b le sp oons Kelopak Lavender Kering
- 1 Vodka 80 Kali Kelima
- 1 Cawan Sirap Gula

ARAHAN:
a) Rendam kelopak dalam vodka selama satu minggu.
b) Tapis melalui kain keju.
c) Masukkan sirap gula dan nikmati .

11.Minuman Keras Teh Hijau

BAHAN-BAHAN:
- 6 sudu teh daun teh hijau
- 3 cawan vodka
- 1 cawan sirap
- 2 titik pewarna makanan hijau

ARAHAN:
a) Satukan dan curam daun teh dalam vodka selama 24 jam.
b) Goncangkan balang dengan baik apabila anda menambah daun.
c) Masukkan pemanis dan warnakan keesokan harinya.

12. minuman keras kayu manis

BAHAN-BAHAN:
- 1 batang kayu manis
- Cengkih
- 1 sudu kecil biji ketumbar dikisar
- 1 cawan Vodka
- ½ cawan Brandy
- ½ cawan sirap gula

ARAHAN:
a) Rendam semua bahan selama 2 minggu.
b) Tapis hingga jernih dan masukkan sirap gula.
c) Biarkan ia curam selama 1 minggu dan sedia untuk dihidangkan.

13.Minuman keras vanila-kopi

BAHAN-BAHAN:
- 1½ cawan gula perang; dibungkus
- 1 cawan gula pasir
- 2 cawan Air
- ½ cawan serbuk kopi segera
- 3 cawan Vodka
- ½ biji vanila; berpecah

ARAHAN:
a) Didihkan gula dan air selama 5 minit.
b) Kacau secara beransur-ansur dalam kopi.
c) Campurkan vodka dan vanila.
d) Curam selama 1 bulan.
e) Keluarkan kacang vanila.

14. M int minuman keras

BAHAN-BAHAN:
- 1¼ cawan daun pudina segar, dicuci dan dipotong
- 3 cawan Vodka
- 2 cawan gula pasir
- 1 cawan Air
- 1 sudu teh Gliserin
- 8 titik pewarna makanan Hijau
- 2 titik pewarna makanan Biru

ARAHAN:
a) Curam pudina dan vodka selama 2 minggu, goncang secara berkala.
b) Tapis dan buang daun pudina daripada minuman keras.
c) Dalam kuali, satukan gula dan air.
d) Didihkan, kacau sentiasa.
e) Tambah gliserin dan pewarna makanan.
f) Curam lagi selama 1-3 bulan.

15. Minuman keras oren manis & Cengkih

BAHAN-BAHAN:
- 3 cawan Vodka
- 3 oren manis keseluruhan, dipotong menjadi kepingan
- ½ buah lemon
- 2 ulas keseluruhan
- 1 cawan sirap gula asas

ARAHAN:
a) Campurkan vodka, oren, lemon, dan cengkih.
b) Curam selama 10 hari.
c) Tapis, dan buang pepejal yang telah diayak.
d) Masukkan sirap gula.
e) Tapis ke dalam botol dan curam semula selama 4 minggu.

16.S strawberi dan limoncello

BAHAN-BAHAN:
- 30 Strawberi segar dibelah dua
- 4 sudu teh minuman keras Limoncello
- Lada yang baru dikisar
- 4 sudu teh jus oren segar

ARAHAN:
a) Satukan strawberi, jus oren, minuman keras dan p e pper yang baru dikisar.
b) Curam selama sekurang-kurangnya 30 minit.

17. Sider mentega panas

BAHAN-BAHAN:
- 1 liter cider epal
- 2 batang kayu manis
- ¼ cawan sirap jagung ringan
- 3 biji cengkih keseluruhan
- 2 keping Lemon
- 2 sudu besar mentega tanpa garam
- 6 auns minuman keras epal

ARAHAN:
a) Dalam kuali , satukan cider, sirap jagung, mentega, batang kayu manis, bunga cengkih dan hirisan lemon.
b) Panaskan dengan api perlahan sehingga cider panas dan mentega cair. Keluarkan dari api.
c) Semasa sider dipanaskan, tuangkan satu auns minuman keras ke dalam setiap satu daripada 6 cawan atau gelas kalis haba.
d) Tuangkan cider panas ke dalam mug dan hidangkan sekaligus.

18. Minuman keras schnapps pudina

BAHAN-BAHAN:
- ⅓ cawan gula pasir
- 1 6 auns sirap jagung ringan
- 2 cawan vodka 80 kalis
- 2 sudu teh ekstrak pudina

ARAHAN:
a) Panaskan gula dan sirap jagung dalam kuali selama 5 minit.
b) Apabila gula telah dibubarkan, masukkan vodka dan kacau rata.
c) Keluarkan campuran dari api dan tutupnya dengan penutup.
d) Biarkan sejuk.
e) Masukkan ekstrak pudina ke dalam adunan dan tuangkan ke dalam botol.

19. minuman keras kapur

BAHAN-BAHAN:
- 2 dozen limau nipis, basuh dan hiris
- ½ sudu teh kayu manis tanah
- 6 biji cengkih
- 2 paun gula putih
- 6 cawan vodka 80 kalis
- 2 cawan Air
- Pewarna makanan hijau

ARAHAN:
a) Satukan limau nipis, kayu manis, cengkih, vodka, air, dan gula putih.
b) Goncang sebati sehingga gula larut. Penutup.
c) Letakkan di tempat yang sejuk selama dua minggu.
d) Tapis melalui ayak halus.
e) Dekan, menuang cecair jernih ke dalam botol.

20. Minuman keras herba pedas

BAHAN-BAHAN:
- 6 buah buah pelaga, biji dikeluarkan
- 3 sudu kecil biji Anise, ditumbuk
- 2¼ sudu teh akar angelica cincang
- 1 batang kayu manis
- 1 cengkih
- ¼ sudu teh Mace
- 1 Vodka kelima
- 1 cawan sirap gula
- Bekas: 1/2 gelen balang

ARAHAN:
a) Satukan semua bahan.
b) Goncang dengan baik dan curam selama 1 minggu.
c) Tapis beberapa kali.
d) Masukkan sirap gula.

21. Keras Vodka Nanas

BAHAN-BAHAN:
- 1 nanas manis dikupas; diiris dan dihiris
- 1 botol vodka; 750 ml
- 2½ auns vodka yang diselitkan nanas
- ¾ auns Grand Marnier

ARAHAN:
a) Letakkan nanas masak dalam bekas dan tutupnya dengan sebotol vodka.
b) Curam di dalam peti sejuk selama sekurang-kurangnya 48 jam.

22. Vodka yang diselitkan raspberi

BAHAN-BAHAN:
- 25 o unse s botol vodka
- 1 - pain Raspberi

ARAHAN:
a) Campurkan vodka dengan raspberi segar.
b) Curam selama 3 hari.

23. minuman keras betik

BAHAN-BAHAN:
- 1 biji lemon, kulit dikikis
- 1 Betik, dikupas, dibuang biji dan dikisar
- 1 cawan Vodka
- ¼ cawan sirap gula

ARAHAN:
a) Betik curam dalam vodka selama 1 minggu.
b) Tapis buah, keluarkan jus.
c) Masukkan sirap gula.

24. minuman keras blueberry

BAHAN-BAHAN:
- 3 cawan beri biru segar, dibilas dan dihancurkan
- 1 setiap cengkih
- ½ cawan sirap gula
- 2 cawan Vodka
- 1 setiap Lemon w tepi, dikikis kulit

ARAHAN:
a) Campurkan beri dengan vodka, kulit lemon, dan cengkih.
b) Curam selama 3 bulan.
c) Tapis pepejal.
d) Masukkan sirap gula.

25.minuman keras coklat

BAHAN-BAHAN:
- 2 sudu teh ekstrak coklat tulen
- ½ sudu teh ekstrak vanila tulen
- 1½ cawan Vodka
- ½ cawan sirap gula
- ½ sudu teh pudina segar
- 1 titis ekstrak Peppermint

ARAHAN:
a) Campurkan semua bahan dan curam selama 2 minggu.
b) Masukkan pudina dan ekstrak pudina.
c) Curam selama 2 minggu lagi.

26. Minuman keras kelapa

BAHAN-BAHAN:
- ½ cawan Brandy
- 2 cawan kelapa bungkus
- 4 biji ketumbar
- ¼ sudu teh ekstrak vanila
- 3 cawan Vodka

ARAHAN:
a) Masukkan semua bahan bersama dan curam selama 4 minggu.
b) Balikkan balang setiap beberapa hari.

27. minuman keras Curacao

BAHAN-BAHAN:
- 3 sudu besar oren pahit, dikupas dan dipotong-potong
- 2⅔ cawan vodka 80 kalis
- 1⅓ cawan Air
- 2 cawan gula putih
- 12 ulas keseluruhan
- 1 sudu teh kayu manis tanah
- 2 sudu kecil biji ketumbar utuh

ARAHAN:
a) Masukkan bahagian oren bersama kulit oren pahit, cengkih, ketumbar, dan kayu manis ke dalam balang.
b) Campurkan gula, vodka, dan air.
c) Goncang kuat-kuat sehingga gula larut.
d) Curam sehingga 5 minggu.
e) Tapis dan biarkan hingga bersih.

28.minuman keras limau gedang

BAHAN-BAHAN:
- 6 biji limau gedang
- 3 cawan vodka 80 kalis
- 1 cawan Air
- 2 sudu besar biji ketumbar utuh
- 1 sudu teh kayu manis tanah
- 4 cawan gula putih

ARAHAN:
a) Satukan bahan.
b) Tutup dan curam selama beberapa minggu.
c) Tapis dan biarkan minuman keras itu bersih selama seminggu hingga 10 hari.
d) Tuangkan minuman keras jernih.

29. minuman keras madu

BAHAN-BAHAN:
- 2 cawan Vodka
- ¾ paun Madu
- 1 kulit panjang oren
- 1 cawan Air, suam tetapi tidak mendidih
- 1 cengkih
- 2 batang kayu manis, 2 inci setiap satu

ARAHAN:
a) Larutkan madu dalam air.
b) Masukkan campuran madu ke vodka, rempah, dan kulit oren.
c) Biarkan gegaran yang curam dan bersumbat dengan baik setiap beberapa hari.
d) Curam selama 2 atau 3 minggu.
e) Tapis pepejal.

30. minuman keras teh

BAHAN-BAHAN:
- 2 sudu teh daun teh hitam
- 1½ cawan Vodka
- ½ cawan sirap gula

ARAHAN:
a) Curam semuanya, kecuali sirap, selama 24 jam.
b) Tapis dan masukkan sirap gula.
c) Curam selama 2 minggu.

31. Minuman keras pudina

BAHAN-BAHAN:
- 2 sudu teh ekstrak pudina
- 3 cawan Vodka
- 1 cawan sirap gula

ARAHAN:
a) Satukan semua bahan dan kacau.
b) Curam selama 2 minggu.

32.minuman keras Angelica

BAHAN-BAHAN:
- 3 sudu besar Akar angelica cincang kering
- 1 sudu besar badam cincang
- 1 buah beri lada sulah, retak
- ⅛ sudu teh serbuk biji ketumbar
- 1 sudu kecil _ daun marjoram kering
- 1 keping batang kayu manis, patah
- 1½ cawan Vodka
- ½ cawan gula pasir
- 6 biji bilis, ditumbuk
- ¼ cawan Air
- 1 titis Setiap warna makanan kuning dan hijau

ARAHAN:
a) Campurkan semua herba, kacang, dan rempah dengan vodka.
b) Tutup rapat dan goncang setiap hari selama 2 minggu.
c) Tapis, dan buang pepejal.
d) Bersihkan bekas yang meresap dan letakkan semula cecair di dalam bekas.
e) Panaskan gula dan air dalam kuali .
f) Tambah pewarna makanan dan tambah kepada minuman keras.
g) Curam selama 1 bulan.

33.Beri biru dan minuman keras oren

BAHAN-BAHAN:
- 1 cawan minuman keras berperisa oren
- 1 cawan Air
- 1 cawan Gula
- 1½ paun beri biru segar
- 20 kepala bunga lavender segar

ARAHAN:
a) Satukan minuman keras, air, dan gula dalam kuali.
b) H makan , kacau kerap sehingga gula larut.
c) Masukkan blueberry dalam balang panas, dan 4 kepala lavender dalam setiap balang.
d) Tuangkan cecair panas ke dalam balang.
e) Panaskan balang dalam tab mandi air panas selama 15 minit ute s.

34.Biji Caraway minuman keras

BAHAN-BAHAN:
- 4 sudu besar biji jintan, lebam atau separuh dikisar
- 1 cawan gula
- 1 botol vodka
- balang 1 liter

ARAHAN:
a) Masukkan benih ke dalam balang yang bersih.
b) Masukkan gula dan vodka.
c) Goncang setiap hari selama sebulan.
d) Tapis bijinya, masukkan gula.

35.Minuman keras Apple Vodka

BAHAN-BAHAN:
- 2 paun epal berperisa tart/manis, dibuang inti dan dicincang
- 1 cawan gula
- 1 botol vodka
- 1 balang setengah galon

ARAHAN:
a) Masukkan gula dan brendi dan pasangkan balang dengan penutup.
b) Goncang setiap hari selama satu hingga dua bulan.
c) Tapis buah, dan masukkan sirap gula.

36.P setiap minuman keras Vodka

BAHAN-BAHAN:
- 2 paun pic masak
- 1 cawan gula
- 1 botol vodka

ARAHAN:
a) Masukkan pic, gula, dan alkohol ke dalam balang.
b) Tutup dan goncang sekali sehari atau lebih selama satu hingga dua bulan.
c) tapis, kemudian maniskan dengan sirap gula.
d) Buah-buahan ini juga sedap dibumbui dengan rempah ratus.

37. Aquavit vodka

BAHAN-BAHAN:
- 50 auns vodka berkualiti baik
- 3 sudu besar biji jintan , dibakar
- 2 sudu besar biji jintan manis , dibakar
- 2 sudu besar biji dill , dibakar
- 1 sudu besar biji adas , dibakar
- 1 sudu besar biji ketumbar , dibakar
- 2 biji bunga lawang
- 3 ulas keseluruhan
- Kupas ½ lemon organik, dan potong menjadi jalur
- Kupas ½ oren organik, dan potong menjadi jalur
- 1-auns sirap ringkas

ARAHAN:
a) Hancurkan sedikit biji dalam lesung dan alu, kemudian masukkannya ke dalam balang infusi .
b) Masukkan bunga lawang, bunga cengkih, lemon, dan kulit oren, kemudian vodka.
c) Tutup rapat dengan penutup dan goncang sebentar.
d) Infus pada suhu bilik selama tidak kurang daripada 2 minggu. Goncang balang setiap 2 hari semasa menanam.
e) Tapis cecair.
f) Masukkan sirap dan botol ringkas.

38. Citron Vodka

BAHAN-BAHAN:
- 750 ml vodka
- ¼ cawan kulit lemon organik kering

ARAHAN:
a) Kupas 3 biji limau organik segar, potong menjadi jalur nipis, tanpa empulur
b) Dalam balang Mason setengah galon, tuangkan vodka ke atas kulit lemon dan kulit segar.
c) Tutup dan biarkan memerah selama 2 hari.
d) Tapis kulit lemon.

39.Jingga pahit

BAHAN-BAHAN:
- Perahkan 3 oren organik, potong jalur nipis
- ¼ cawan kulit oren organik kering
- 4 ulas keseluruhan
- 8 biji buah pelaga hijau, retak
- ¼ sudu teh biji ketumbar
- ½ sudu teh akar gentian kering
- ¼ sudu teh lada sulah keseluruhan
- 2 cawan vodka kalis tinggi
- 1 cawan air
- 2 sudu besar Rich Syrup

ARAHAN:
a) Masukkan kulit oren, kulit oren kering, rempah ratus, dan akar gentian ke dalam balang Mason 1 liter.
b) Tambah vodka.
c) Letakkan penutup dan curam selama 2 minggu.
d) Goncangkannya sekali sehari.
e) Tapis cecair ke dalam balang Mason 1 liter yang bersih.
f) Pindahkan pepejal ke dalam kuali . Tutup balang dan ketepikan.
g) Tuangkan air ke atas pepejal dalam kuali dan biarkan mendidih dengan api sederhana.
h) Tutup kuali, kecilkan api dan reneh selama 10 minit.
i) Masukkan cecair dan pepejal dalam kuali ke dalam balang Mason 1 liter lagi.
j) Tutup dan curam selama seminggu, goncangkan balang setiap hari.
k) Tapis keluar pepejal, menggunakan kain cheesecloth, dan buang pepejal. Tambah cecair ke dalam balang dengan campuran vodka asal.
l) Masukkan sirap kaya, kacau hingga sebati, kemudian tutup penutup dan goncang untuk sebati dan larutkan sirap.
m) Curam selama 3 hari.
n) Kemudian keluarkan apa-apa yang terapung ke permukaan dan tapis sekali lagi melalui kain keju.
o) Gunakan corong untuk membotolkannya.

40.Strawberi Vanila Vodka

BAHAN-BAHAN:
- vodka 1 liter
- 2 cawan strawberi, dihiris
- 2 biji kacang vanila, belah memanjang

ARAHAN:
a) Masukkan strawberi ke dalam balang kaca bersih dengan kacang vanila.
b) Tambah vodka, dan curam selama sekurang-kurangnya 3 hari.
c) Tapis dan buang strawberi dan kacang vanila.
d) Tapis beberapa kali untuk mengeluarkan semua sedimen.

41. Lemon Liqueur Delima

BAHAN-BAHAN:
- 1 cawan biji delima
- 750 ml vodka
- 1 biji lemon, dipotong menjadi kepingan

ARAHAN:
a) Satukan semua bahan dalam balang.
b) Curam selama lima hari, goncang setiap hari,
c) Tapis bahan infusi.

42.Blackberry Jingga Diselitkan Vodka

BAHAN-BAHAN:
- 1 cawan beri hitam
- 750 ml vodka
- 1 oren organik, potong baji

ARAHAN:
a) Satukan semua bahan dalam balang.
b) Curam selama tiga hari, goncang setiap hari.
c) Tapis bahan infusi.

43.Marshmallow Vodka

BAHAN-BAHAN:
- Marshmallow, dipotong menjadi kepingan
- Vodka

ARAHAN:
a) Masukkan marshmallow ke dalam akhbar Perancis.
b) Tuangkan vodka ke dalam akhbar di atas marshmallow, sehingga penuh.
c) Curam selama sekurang-kurangnya 12 jam.
d) Tapis dan simpan.

TEQUILA

44.Serai-Halia minuman keras

BAHAN-BAHAN:
- 2 batang serai segar, dikupas dan dicincang
- 1 halia segar
- Botol 750 mililiter Blanco tequila

ARAHAN:
a) Masukkan serai dan halia ke dalam balang.
b) Tuangkan tequila ke atas herba dan goncangkannya.
c) Tutup penutup dengan ketat dan curam selama kira-kira 2 minggu.
d) Tapis pepejal.

45.minuman keras Margarita

BAHAN-BAHAN:
- 1 kulit kapur; dipotong dalam lingkaran berterusan
- 1 botol tequila perak
- 1 kulit oren; dipotong dalam lingkaran berterusan
- 6 auns Cointreau

ARAHAN:
a) A dd sitrus dan kulit limau nipis ke dalam tequila dan kemudian masukkan Cointreau.
b) Sejukkan sekurang-kurangnya 1 hari.
c) Keluarkan kulit jika minuman keras mula menjadi pahit.

46. Pukulan teh Mexico

BAHAN-BAHAN:
- 2 cawan Tequila
- 2 cawan teh; Kuat, Sejuk
- 1 cawan Jus Nanas
- ¼ cawan madu
- ¼ cawan Air
- ¼ cawan Jus Limau
- ¼ cawan Jus Lemon
- 1½ sudu teh Kayu Manis; tanah
- 1½ sudu teh Pahit Aroma

ARAHAN:
a) Campurkan semua bahan.
b) Hidangkan atas ais.

47.Jalapeño kapur Tequila

BAHAN-BAHAN:
- 1 liter tequila Blanco
- 2 jalapeño, dihiris bulat
- 2 biji limau nipis, dihiris

ARAHAN:
a) Bahan-bahan curam selama sekurang-kurangnya 12 jam.
b) Tapis dan buang jalapeño dan limau nipis.
c) Tapis beberapa kali untuk mengeluarkan semua sedimen.
d) Tutup dalam balang bersih.

48. Nenas dan Serrano tequila

BAHAN-BAHAN:
- 750 ml Tequila
- Lada cili Serrano; berbenih
- 1 tangkai tarragon
- 1 biji nanas; dikupas, dibuang inti dan dipotong dadu

ARAHAN:
a) Campurkan semua bahan dan goncang sebati.
b) Curam selama 48 hingga 60 jam.
c) Tapis tequila dan bekukan selama 12 jam tambahan.
d) Hidangkan dalam gelas tembakan.

49.halia serai Tequila

BAHAN-BAHAN:
- Botol 750 mL Blanco tequila premium
- 2 tangkai serai
- 1 halia segar

ARAHAN:
a) Ambil serai dan kupas penutupnya.
b) Masukkan serai dan hirisan halia.
c) Tambah tequila.
d) Curam selama 2 minggu.
e) Pelayan selepas ditapis.

50.Likur emas badam

BAHAN-BAHAN:
- 8 auns badam yang tidak dikupas; dibakar dan dicincang
- ½ biji vanila; berpecah
- 1 batang kayu manis; 3 inci
- 1 botol tequila emas
- 2 sudu besar Sirap piloncillo pedas
- ¼ sudu teh ekstrak badam tulen

ARAHAN:
a) Satukan kacang, kacang vanila, dan kayu manis.
b) Tambah tequila dan curam selama 2 minggu.
c) Tapis beberapa kali.
d) Masukkan sirap dan ekstrak badam.
e) Tuangkan ke dalam balang: dan curam selama 2 minggu lagi.

RUM

51.Kopi minuman keras

BAHAN-BAHAN:
- 1 resipi kopi yang dibancuh sejuk
- ½ cawan air
- ½ cawan gula perang gelap
- 1 cawan rum gelap
- ½ biji vanila, belah

ARAHAN:
a) Didihkan air dan gula merah dengan api besar.
b) Reneh, dan kacau untuk melarutkan gula.
c) Satukan sirap gula, rum, dan kopi dalam balang.
d) Masukkan biji vanila dan buah ke dalam adunan kopi.
e) Letakkan penutup semula pada balang dan curam selama sekurang-kurangnya 2 minggu, goncang sekali sehari.
f) Keluarkan kacang vanila.

52.Pisang dan kelapa minuman keras

BAHAN-BAHAN:
- ½ cawan susu sejat
- 1½ cawan Rum
- ½ cawan Vodka
- 2 pisang masak; tumbuk
- ½ cawan susu pekat manis
- 2 sudu teh ekstrak kelapa
- 1 cawan krim kelapa

ARAHAN:
a) Kisar pisang, ekstrak kelapa, rum, susu dan vodka.
b) Masukkan krim kelapa dan nadi lagi.

53. Berempah Rum

BAHAN-BAHAN:
- 1 buah pala keseluruhan
- 3 buah beri lada sulah
- 1 oren pusat, diperah
- 1 biji vanila, belah memanjang
- Botol 750 mililiter rum tua
- 2 ulas keseluruhan
- 1 buah buah pelaga
- 4 biji lada hitam
- Sirap Sorgum
- 1 batang kayu manis, ditumbuk
- 1 bunga lawang

ARAHAN:
a) Letakkan seluruh pala dalam tuala bersih dan pukul dengan palu.
b) Masukkan pala dan semua rempah lain ke dalam kuali tumis.
c) Bakar sedikit rempah selama 2 minit.
d) Keluarkan dari api dan biarkan sejuk.
e) Pindahkan ke pengisar dan nadi.
f) Masukkan semangat ke dalam balang Mason 1 liter dan tambah rum dan rempah panggang.
g) Tutup penutup, goncang untuk sebati, dan curam selama 24 jam.
h) Tapis rum berempah melalui penapis.
i) Tuangkan ke dalam balang kaca atau botol bersih dan labelkan.

54. Jasmine teh minuman keras

BAHAN-BAHAN:
- 1 liter rum gelap
- ½ cawan teh Jasmine
- 1 cawan sirap gula

ARAHAN:
a) Curam semuanya, kecuali sirap, selama 24 jam.
b) Masukkan sirap gula.

55. Mocha krim minuman keras

BAHAN-BAHAN:
- ¼ sudu teh ekstrak kelapa
- 4 sudu teh serbuk kopi espresso segera
- 1 cawan rum gelap
- ½ sudu teh kayu manis tanah
- ½ sudu teh ekstrak vanila
- 1 cawan krim kental
- 1 tin susu pekat manis
- ¼ cawan sirap berperisa coklat

ARAHAN:
a) Satukan semua bahan dalam pemproses makanan.
b) Denyut sehingga adunan sebati.

56. bahasa Sweden buah-buahan dalam minuman keras

BAHAN-BAHAN:
- Blueberry 1 liter, dikuliti
- 1-pint Raspberi, dikuliti
- 1-pint Strawberi, dikupas
- 1-panci kismis merah
- 1 cawan gula pasir
- ⅔ cawan Brandy
- ⅔ cawan Rum ringan
- Krim putar untuk hiasan

ARAHAN:
a) Letakkan beri dan currant merah dalam mangkuk kaca.
b) Masukkan gula, brendi, dan rum, kacau sekali-sekala.
c) Curam semalaman di dalam peti sejuk.

57. Kordial kranberi

BAHAN-BAHAN:
- 8 cawan kranberi mentah, dicincang
- 6 cawan Gula
- 1 liter Light atau rum ambar

ARAHAN:
a) Satukan cranberry, gula, dan rum dalam balang.
b) Curam selama 6 minggu, goncang setiap hari.
c) Tapis kordial.

58.Minuman keras rum berkrim

BAHAN-BAHAN:
- 400 ml susu pekat
- Krim 300 mililiter
- 2 sudu teh kopi segera dilarutkan dalam air masak
- 300 mililiter Susu
- ¾ cawan Rum
- 2 sudu besar Sos coklat

ARAHAN:
a) Blend semua bahan.
b) Hidangkan sejuk.

59.Nenas Rum

BAHAN-BAHAN:
- 1 biji nanas, dibuang biji dan dihiris lembing
- 1 liter rum putih

ARAHAN:
a) Satukan nanas, dan rum dalam balang kaca, dan tutup.
b) Curam selama sekurang-kurangnya 3 hari.
c) Tapis melalui ayak jaringan halus dan buang nanas.
d) Tutup dalam balang bersih.

60. Citrus Sangria

BAHAN-BAHAN:
- Botol 750 mililiter Moscato manis
- 1½ cawan jus nanas
- 1 cawan rum putih
- 1 cawan ketulan nanas
- 2 biji limau nipis, dihiris
- 2 biji oren, dihiris

ARAHAN:
a) Satukan semua bahan ke dalam periuk dan kacau.
b) Sejukkan sekurang-kurangnya 2 jam sebelum dihidangkan.

61. buah-buahan menumbuk

BAHAN-BAHAN:
- 6 cawan penumbuk buah
- 3 cawan jus nanas
- 2 cawan pic schnapps
- 2 cawan rum putih
- 1 cawan soda lemon-limau
- ¼ cawan jus limau nipis
- 2 biji limau purut, dihiris dan dibekukan
- 1 oren, dihiris dan dibekukan

ARAHAN:
a) Satukan tumbukan buah, jus nanas, pic schnapps, rum, soda dan jus limau nipis dalam periuk.
b) Kacau sehingga sebati, kemudian tutup dan sejukkan sehingga elok dan sejuk.
c) Tuangkan punch buah ke dalam mangkuk punch, kemudian masukkan buah beku.
d) Hidangkan dan nikmati!

WISKI

62. Lemon Diselitkan Bourbon

BAHAN-BAHAN:
- 2 auns minuman keras halia
- 2 auns bourbon
- ½ lemon organik

ARAHAN:
a) Masukkan minuman keras halia dan lemon ke dalam gelas adunan.
b) Kacau baik dengan pengacau.
c) Tambah kira-kira satu cawan ais retak dan bourbon.
d) Kacau rata sehingga kaca menjadi beku.
e) Tuangkan ke dalam gelas koktel atau gelas wain; jangan tegang.
f) Hiaskan dengan hirisan lemon.

63. Bacon-Infused Old Fashioned

BAHAN-BAHAN:
BOURBON-BACON:
- 4 keping bacon, masak dan lemak disimpan
- 750-ml. botol bourbon

MODAL LAMA:
- 2 sengkang Angostura pahit
- 2 auns bourbon yang diselit bacon
- 1/4 auns sirap maple

ARAHAN:
UNTUK BOURBON YANG DIINFUSKAN BACON
a) Satukan bourbon dan lemak bacon dalam bekas yang tidak berliang.
b) Tapis dan masukkan selama 6 jam di dalam peti ais.
c) Buang lemak dan tapis adunan kembali ke dalam botol.

UNTUK COCKTEIL
d) Campurkan bourbon yang diselitkan bacon, sirap maple dan pahit dengan ais.
e) Tapis ke dalam gelas batu yang disejukkan berisi ais.

64. Minuman keras pic dan Kayu Manis

BAHAN-BAHAN:
- 1½ paun pic; dikupas dan dihiris
- 1½ cawan Gula
- 4 kulit limau; jalur
- 3 biji cengkih keseluruhan
- 2 batang kayu manis
- 2 cawan Bourbon

ARAHAN:
a) Satukan semua bahan dan panaskan selama 40 minit s sehingga gula larut, kacau dua kali.
b) Tutup dan Biarkan curam selama 3 hingga 4 hari.
c) Tapis sebelum digunakan.

65.Likur krim coklat

BAHAN-BAHAN:
- 2 cawan krim kental
- 1 cawan wiski
- ¼ cawan serbuk koko tanpa gula
- 14 auns susu pekat manis
- 1½ sudu besar ekstrak Vanila
- 1 sudu besar serbuk espresso segera
- 1 sudu besar ekstrak kelapa

ARAHAN:
a) Dalam pemproses makanan, pukul semua bahan sehingga halus.

66. Bing Cherry minuman keras

BAHAN-BAHAN:
- 2 keping Lemon
- 1 Kelima VO
- Ceri Bing
- 2 sudu besar Gula

ARAHAN:
a) Isikan setiap balang separuh penuh dengan ceri.
b) Tambah pada setiap satu hirisan lemon dan satu sudu gula.
c) Kemudian isi ke atas dengan VO tutup penutup rapat, goncang dan curam di tempat yang sejuk selama 6 bulan.

67. Oren dan Madu Liqueur

BAHAN-BAHAN:
- 1 botol wiski
- 2 cawan madu bunga oren
- kulit 2 oren atau tangerin
- 4 sudu besar biji ketumbar, lebam

ARAHAN:
a) Campurkan semua dalam balang.
b) Tutup penutup, dan goncang sekali sehari selama sebulan.
c) Tapis, dan botolkan minuman keras.

68.Saya rish cream liqueur

BAHAN-BAHAN:
- 1¼ cawan Wiski Ireland
- 14 auns susu pekat manis
- 1 cawan krim kental
- 4 biji telur
- 2 sudu besar sirap berperisa coklat
- 2 sudu teh kopi segera
- 1 sudu teh ekstrak vanila
- ½ sudu teh ekstrak badam

ARAHAN:
a) Kisar semua bahan dalam pengisar sehingga halus.

69.Kranberi Jingga wiski

BAHAN-BAHAN:
- 2 batang kayu manis
- ½ cawan cranberi segar
- 1 oren, dihiris menjadi kepingan
- wiski 1 liter

ARAHAN:
a) Satukan cranberi, oren, wiski dan batang kayu manis dalam balang kaca.
b) Curam selama sekurang-kurangnya 3 hari.
c) Tapis dan buang cranberry, oren, dan kayu manis.
d) Tutup dalam balang bersih.

70.Kopi-Vanila Bourbon

BAHAN-BAHAN:
- 2 vanila kacang , belah
- 1/2 cawan kopi kekacang sedikit hancur
- 32 auns daripada wiski

ARAHAN:
a) Campurkan semuanya dan curam di tempat yang sejuk dan gelap selama sekurang-kurangnya 2 hari.

71. Ceri-Vanila Bourbon

BAHAN-BAHAN:
- 2 vanila kacang , belah
- 8 auns dikeringkan atau segar ceri
- 32 auns daripada wiski

ARAHAN:
a) Campurkan semuanya dan curam di tempat yang sejuk dan gelap selama sekurang-kurangnya 2 hari.

72. Apple-Cinnamon wiski

BAHAN-BAHAN:
- 2 epal, dikupas dan dicincang
- a segenggam daripada kayu manis tongkat
- 32 auns daripada wiski

ARAHAN:
a) Campurkan semuanya dan curam di tempat yang sejuk dan gelap selama sekurang-kurangnya 2 hari.

73. Vanila Kacang Bourbon

BAHAN-BAHAN:
- 8 auns Bourbon kegemaran anda
- 2 biji vanila, belah memanjang

ARAHAN:
a) Satukan semuanya dan curam selama 4 hari.
b) Goncangkannya beberapa kali setiap hari supaya penyerapan berlaku.
c) Tapis kacang vanila dan hidangkan.

GIN

74.Cajun martini

BAHAN-BAHAN:
- 1 lada jalapeno; dihiris hingga ke batang
- ½ Botol Gin
- ½ Botol Vermouth

ARAHAN:
a) Tambah jalapeño ke dalam botol gin, dan isi gin dengan vermouth.
b) Sejukkan selama 8 hingga 16 jam.
c) Tapis ke dalam botol bersih.

75. Kranberi gin

BAHAN-BAHAN:
- 1 botol gin
- 6 auns Cranberi
- 7 auns Gula
- Beberapa badam yang dicelur; retak
- 1 keping batang kayu manis
- Cengkih

ARAHAN:
a) Tuangkan gin ke dalam jag.
b) Cucuk cranberry dengan lidi atau garpu dan masukkan ke dalam botol gin kosong sehingga separuh penuh.
c) Masukkan gula, badam, dan rempah.
d) Tuangkan kembali gin untuk mengisi botol. Tutup dengan kuat.
e) Curam di tempat yang hangat selama beberapa hari, goncang botol sekali-sekala sehingga gula larut.

76.Pomander gin

BAHAN-BAHAN:
- 1 oren Seville
- 2 ulas keseluruhan
- 3 auns Gula
- 1 botol gin

ARAHAN:
a) Lekatkan cengkih ke dalam oren dan kemudian masukkan oren dan gula ke dalam balang berleher lebar.
b) Masukkan gin dan goncang sehingga gula larut.
c) Curam di tempat yang sejuk selama 3 bulan.
d) Tapis dan buang pepejal.

77. Lemon halia buah pelaga Gin

BAHAN-BAHAN:
- 4 biji buah pelaga
- 2 keping halia dikupas, dihiris bulat
- 3 biji limau nipis, dihiris bulat
- gin 1 liter

ARAHAN:
a) Satukan buah gin, lemon, halia dan buah pelaga dalam balang kaca.
b) Curam selama sekurang-kurangnya 3 hari.
c) Tapis keluar pepejal.

78. epal dan buah pir Gin

BAHAN-BAHAN:
- 750 ml botol gin
- 4 biji epal merah, dihiris
- 1 pir, dihiris
- 1/4 paun pear kering

ARAHAN:
a) Kacau gin dan buah-buahan dalam balang dan goncang.
b) Curamkannya ke tempat yang gelap.
c) Tapis buah-buahan.

79.hijau teh Gin

BAHAN-BAHAN:
UNTUK GIN YANG DIINFUSKAN TEH HIJAU
- 750ml botol gin
- 1/4 cawan daun teh hijau

UNTUK SIRAP MADU PISTACIO MASIN
- 1/2 cawan air
- 1/2 cawan pistachio masin
- 1/2 cawan madu

ARAHAN:
a) Satukan semua bahan dan curam selama 2 jam.
b) Tapis daun teh.

BRANDY

80. Limau Mandarin minuman keras

BAHAN-BAHAN:
- 32 auns brendi
- 2 paun oren mandarin organik dikupas, dihiris
- ½ cawan kulit oren manis organik kering
- Sirap ringkas

ARAHAN:
a) Bahagikan kulit di antara dua balang. Tambah brendi pada setiap balang dalam kira-kira satu inci bahagian atas.
b) Biarkan balang curam, jauh dari matahari, selama sekurang-kurangnya 2 hari.
c) Goncang balang sekali sehari.
d) Tapis buah daripada brendi.
e) Tambah sirap ringkas dan sebotol.
f) Curam di tempat gelap yang sejuk selama sekurang-kurangnya sebulan.

81.minuman keras Amaretto

BAHAN-BAHAN:
- 1 cawan sirap gula
- ¾ cawan Air
- 2 bahagian aprikot kering
- 1 sudu besar ekstrak badam
- ½ cawan alkohol bijirin tulen dan
- ½ cawan Air
- 1 cawan Brandy
- 3 titik pewarna makanan Kuning
- 6 titik pewarna makanan Merah
- 2 titik pewarna makanan Biru
- ½ sudu teh Gliserin

ARAHAN:
a) Reneh sehingga semua gula larut.
b) Satukan bahagian aprikot, ekstrak badam, dan alkohol bijirin dengan ½ cawan air, dan brendi.
c) Masukkan adunan sirap gula.
d) Tutup dan curam selama 2 hari. Keluarkan separuh aprikot.
e) Tambah pewarna makanan dan gliserin.
f) Curam lagi selama 1 hingga 2 bulan.

82. Apricot Liqueur

BAHAN-BAHAN:
- 1 cawan air
- 1 paun aprikot kering, diadu
- 1 sudu besar gula halus
- 1 cawan hirisan badam
- 2 cawan brendi
- 1 cawan gula
- 1 cawan air

ARAHAN:
a) Rendam aprikot dalam air masak selama 10 minit.
b) Toskan sebarang air yang tinggal.
c) Satukan aprikot, gula tepung, badam dan brendi.
d) Kacau rata hingga sebati.
e) Tutup rapat dan biarkan curam di tempat yang sejuk dan gelap selama sekurang-kurangnya 2 minggu.
f) Tapis cecair.
g) Satukan gula dan air dalam kuali.
h) Didihkan dengan api sederhana.
i) Reneh sehingga gula larut sepenuhnya.
j) Masukkan sirap gula.
k) Tuangkan ke dalam botol dan tutup rapat.
l) Curam sekurang-kurangnya 1 bulan sebelum dihidangkan.

83. Raspberi minuman keras

BAHAN-BAHAN:
- 4 cawan Bersihkan raspberi kering
- 4 cawan Brandy
- 1 cawan sirap gula

ARAHAN:
a) Satukan raspberi dan brendi dalam balang.
b) Tutup dan curam di ambang tingkap yang cerah selama 2 bulan.
c) Masukkan sirap gula ke dalam minuman keras raspberi.
d) Tapis dan simpan.

84. Brandy Kayu Manis Epal

BAHAN-BAHAN:
- 1 paun epal merah, dibelah empat dan dibuang biji
- 1 batang kayu manis
- 2 ulas keseluruhan
- 3 cawan brendi
- 1 cawan gula
- 1 cawan air

ARAHAN:
a) Satukan epal, batang kayu manis, bunga cengkih, dan brendi dalam balang.
b) Tutup rapat dan biarkan curam di tempat yang sejuk dan gelap selama 2 minggu.
c) Tapis cecair.
d) Satukan gula dan air dalam kuali. Didihkan dengan api sederhana.
e) Reneh hingga gula larut.
f) Masukkan sirap gula.
g) Tuangkan ke dalam botol dan tutup rapat.
h) Curam sekurang-kurangnya 1 bulan sebelum dihidangkan.

85. California eggnog

BAHAN-BAHAN:
- 1 liter eggnog disediakan sejuk
- 1½ cawan brendi aprikot
- ¼ cawan Triple Sec
- Buah pala, untuk hiasan

ARAHAN:
a) Dalam periuk, kacau eggnog, brendi aprikot dan Triple Sec.
b) Tutup dan sejukkan selama sekurang-kurangnya empat jam untuk menggabungkan rasa.
c) Hiaskan dengan buah pala.

86.ceri brendi

BAHAN-BAHAN:
- ½ paun ceri Bing. berpunca
- ½ paun gula pasir
- 2 cawan brendi

ARAHAN:
a) Masukkan ceri ke dalam balang 1 liter.
b) Tuangkan gula ke atas ceri.
c) Tuangkan brendi ke atas gula dan ceri.
d) Curam selama 3 bulan. JANGAN GONCANG.
e) Tapis ke dalam botol.

87. Liqueur Badam

BAHAN-BAHAN:
- 1 cawan sirap gula
- 2 cawan vodka
- 2 cawan brendi
- 2 sudu teh ekstrak badam

ARAHAN:
a) Satukan sirap gula, vodka, brendi, dan ekstrak badam.
b) Tuangkan ke dalam botol.
c) Curam sekurang-kurangnya 1 bulan sebelum dihidangkan.

88.Pear Liqueur

BAHAN-BAHAN:
- 1 paun pear masak pejal, dibuang biji dan didadu
- 2 ulas keseluruhan
- 1 cawan brendi
- 1 batang kayu manis 1 inci
- Secubit buah pala
- 1 cawan gula

ARAHAN:
a) Satukan bunga cengkih, kayu manis, buah pala, gula dan brendi.
b) Curam selama 2 minggu.
c) Goncang balang setiap hari. Tapis cecair.

89. halia minuman keras

BAHAN-BAHAN:
- 2 auns akar halia segar, dikupas
- kacang vanilla
- 1 cawan gula
- 1½ cawan air
- Serbuk 1 oren organik
- 1½ cawan brendi

ARAHAN:
a) Dalam kuali , masak halia, kacang vanila, gula dan air hingga mendidih.
b) Reneh selama 20 minit.
c) Keluarkan dari haba dan biarkan sejuk.
d) Tuangkan sirap ke dalam balang, dan tambahkan kulit oren atau kulit dan brendi.
e) Tutup, goncang, dan biarkan ia curam selama sehari.
f) Keluarkan kacang vanila dan biarkan ia curam selama satu hari lagi.
g) Tapis ke dalam botol, dan curam selama 2 minggu sebelum digunakan.

90.Kopi vanila minuman keras

BAHAN-BAHAN:
- 2 auns kopi segera yang baik
- 2 cawan gula
- 4 auns vanila, dicincang
- 1-2 biji vanila Madagascar atau Tahitian
- brendi botol

ARAHAN:
a) Panaskan air, kopi dan gula hingga mendidih.
b) Keluarkan dari api dan sejukkan.
c) Masukkan 4 auns vanila.
d) Tuangkan kopi/gula/air /brandy dan kacau.
e) Curam selama dua hingga tiga bulan.
f) Tapis biji vanila.

91. Buah pelaga-Rajah Brandy

BAHAN-BAHAN:
- 2 biji buah pelaga keseluruhan
- 1 cawan buah ara kering atau segar, dibelah dua
- 32 auns daripada brendi

ARAHAN:
a) Satukan semua bahan.
b) Tutupnya dengan ketat, dan curam di tempat yang sejuk dan gelap selama sekurang-kurangnya 2 hari.

92. Plum-Kayu Manis Brandy

BAHAN-BAHAN:
- 2 buah plum atau prun, diadu dan dibelah empat
- segenggam batang kayu manis
- 32 auns daripada brendi

ARAHAN:
a) Masukkan bahan infusi anda ke dalam alkohol, tutup rapat,
b) Curam di tempat yang sejuk dan gelap selama sekurang-kurangnya 2 hari.

93. Chai-Pear Brandy

BAHAN-BAHAN:
- 2–3 uncang teh chai
- 2 pear, dihiris
- 32 auns daripada brendi

ARAHAN:
a) Rendam 2–3 uncang teh chai dalam brendi.
b) Brendi curam dengan 2 pear selama 2 hari.

COGNAC

94. Minuman keras oren-cognac besar

BAHAN-BAHAN:
- ½ cawan gula pasir
- 2 cawan Cognac atau brendi Perancis
- ⅓ cawan kulit oren
- ½ sudu teh Gliserin

ARAHAN:
a) Letakkan zest dan gula dalam mangkuk.
b) Tumbuk dan gaul dengan alu sehingga gula serap.
c) Masukkan ke dalam bekas rebusan. Tambah cognac.
d) Kacau, tutup dan Curam di tempat gelap yang sejuk selama 2 hingga 3 bulan.
e) Selepas seduhan awal, tuangkan melalui penapis jaringan halus.
f) Tuangkan gliserin ke dalam bekas seduhan dan letakkan beg kain di dalam penapis.
g) Tapis melalui kain.
h) Kacau dengan senduk kayu hingga sebati.
i) Curam selama 3 bulan lagi.

95. Curacao buah tin segar

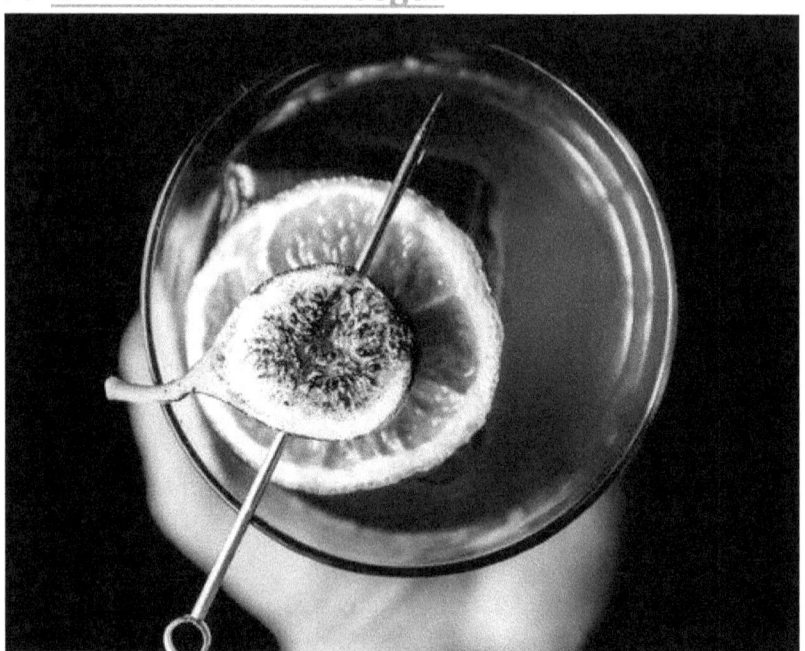

BAHAN-BAHAN:
- 12 Rajah s , dikupas dan dibelah empat
- 1 sudu besar Cognac
- 1 cawan krim kental, disebat
- ⅓ cawan Curacao

ARAHAN:
a) Perap buah tin dalam cognac selama 30 minit atau lebih lama.
b) Campurkan krim dan Cura c ao.
c) Lipat dalam buah tin.

96.Chai-Infused Cognac

BAHAN-BAHAN:
- 8 auns Cognac
- 2 uncang teh chai

ARAHAN:
a) Dalam balang, gabungkan Cognac dengan uncang teh.
b) Curam selama 2 jam.
c) Tapis ke dalam bekas kedap udara.

97. Diselit ceri cognac

BAHAN-BAHAN:
- 33 auns Cognac
- 0.15 auns pod vanila
- 23 auns ceri manis, diadu
- 7 auns gula kastor

ARAHAN:
a) Isikan balang dua liter dengan ceri manis yang diadu.
b) Masukkan gula kastor, pod vanila dan cognac.
c) Tutup balang dan curam selama 2 minggu

98. Fig & Grand Marnier Liqueur

BAHAN-BAHAN:
- 1/4 auns sirap ringkas
- 3/4 auns Grand Marnier
- 1/2 auns jus oren segar
- 2 auns cognac yang diselitkan buah tin
- 1/2 auns jus lemon segar

ARAHAN:
a) Satukan cognac, Grand Marnier, jus lemon, jus oren dan sirap ringkas.
b) Goncang dengan baik dan curam selama beberapa jam.
c) Tapis dua kali ganda ke dalam gelas.

99.pic Diselitkan Cognac

BAHAN-BAHAN:
- 500 mL Cognac
- 8 buah pic kering keseluruhan, dicincang

ARAHAN:
a) Letakkan pic ke dalam gelas.
b) Tuangkan Cognac ke dalam bekas, kacau dan tutup.
c) Curam selama 24 jam, jauh dari cahaya.
d) Tapis pic.

100. Arak Pahit Oren Nanas

BAHAN-BAHAN:
- 1/2 auns Cognac yang diselitkan nanas
- 1/4 auns minuman keras maraschino
- 1 secubit pahit oren
- 1 parut Angostura oren pahit

ARAHAN:
a) Satukan Cognac, minuman keras maraschino dan pahit oren.
b) Kacau hingga sebati.
c) Curam selama beberapa jam.

KESIMPULAN

Apabila kami sampai ke halaman akhir "Panduan Koktel Botani Terunggul," kami berharap perjalanan melalui pencampuran taman-ke-kaca ini telah membuatkan selera anda tercuit dengan keterujaan. Dunia koktel botani adalah bukti seni pembuatan minuman yang bukan sahaja menyegarkan tetapi juga membangkitkan deria dengan intipati alam semula jadi.

Daripada nota sitrus yang zesty kepada herba aromatik yang menari di lelangit anda, 100 resipi cepat dan mudah ini adalah perayaan alkimia yang berlaku apabila bahan-bahan segar bertemu dengan semangat kegemaran anda. Sama ada anda telah menggegarkan koktel ini untuk perhimpunan yang meriah atau menikmati saat renungan yang tenang dengan minuman yang ditanam di taman di tangan, kami percaya bahawa setiap tegukan telah membawa anda ke tempat kebahagiaan botani.

Sambil anda meneruskan penerokaan anda terhadap trend taman-ke-kaca, semoga anda mendapat inspirasi untuk bereksperimen dengan kombinasi anda sendiri, membawa keindahan botani ke dalam usaha mixologi anda. Berikut adalah detik-detik dentingan cermin mata, gelak tawa, dan rasa nikmat alam semula jadi dalam setiap tegukan. Selamat menikmati pengalaman koktel botani terunggul!

www.ingramcontent.com/pod-product-compliance
Lightning Source LLC
Chambersburg PA
CBHW071909110526
44591CB00011B/1610